Inhalt

Eine bunte Farbenreise

Die Farben der Erde

Farbkastengeschichten

Farbenfeste

Vorwort

Die Erde – eine Welt voller Farben. Wer die Erde aus dem Weltraum betrachtet, sieht blau schimmernde Meere, gelbbraune Länder, grüne Wälder, graue Gebirge und weiße, von Eis und Schnee bedeckte Gebiete. Jeder Erdteil, jedes Land hat charakteristische Farben.

Kinder werden in eine farbige Welt hineingeboren. Sie lernen nach und nach Farben zu unterscheiden und entdecken und erforschen sie mit allen Sinnen: Sie greifen nach einem blauen Ball, lutschen an einer Rassel mit gelben Kugeln und schauen den bunten Figuren eines Mobiles nach, die im Luftzug schaukeln. Die Fähigkeit, Farben zu sehen, beruht auf einem komplizierten Zusammenspiel von Augen und Gehirn. Licht ist Teil elektromagnetischer Energie, die von der Sonne ausgeht und zur Erde gelangt. Die Lichtwellen werden von den Gegenständen, auf die sie treffen, reflektiert, vom Auge erfasst und im Gehirn als verschiedene Farbabstufungen wahrgenommen.

Kinder lieben Farben. Jedes Kind hat eine Lieblingsfarbe, von der es sich ganz besonders angezogen fühlt. Farben haben einen spürbaren Einfluss auf Gefühle und Stimmungen. So erzeugt die Farbe Rot Spannung, im Gegensatz dazu wirkt Blau eher entspannend, Orange regt zur Bewegung an und fördert Freude und Frohsinn, Gelb macht wach, aufnahmebereit und entschlossen, Grün verhilft zu Gleichgewicht und Harmonie. Farben verändern die Wahrnehmung: Ein ganz mit roter Farbe gestrichener Raum wirkt kleiner als ein blauer. Dunkle Kleidung wirkt streng und seriös, Kleidung in Pastelltönen wirkt sanft und verletzlich. Viele Künstler und Fotografen beschäftigen sich mit der Wirkung von Farben und schaffen farbenfrohe Bilder, Skulpturen und Kunstwerke.

Auch die Jahreszeiten haben ihre besondere Farbe: Das frische Grün des Frühlings wird im Laufe des Sommers dunkler und intensiver, um sich nur wenige Monate später in ein Feuerwerk von Orange, Gelb und Rot zu verwandeln. Der Winter zeigt ein strenges Gesicht mit wenig Farbe. Schnee bedeckt das letzte noch verbliebene Grün, sodass nur noch Hell-Dunkel-Kontraste übrig bleiben.

Nehmen Sie die Kinder mit auf eine spannende Entdeckungsreise durch die Welt der Farben: Tauchen Sie hinab ins Blau des Meeres, entdecken Sie den Dschungel und die grauen Steinwüsten, spielen Sie mit Farbtönen und Farbenhäusern, begegnen Sie dem Schweinchen Rosamunde und den Bewohnern von Silbermond, der Hexe Rabenschwarz und dem Drachen Feuerrot, erzählen Sie Farbkastengeschichten und feiern Sie ein fröhliches Farben- und Regenbogenfest.

Wir wünschen allen Leserinnen und Lesern eine kunterbunte und farbenfrohe Zeit!

Überall sind Farben

Farbenlied

(Melodie: Grün, grün, grün sind alle meine Kleider)
Im Lied entdecken und benennen die Kinder die verschiedenen Farben, denen sie Tag für Tag begegnen. Zu den einzelnen Strophen tanzen die Kinder mit Tüchern oder Luftballons der entsprechenden Farben im Kreis herum.

1. Rot, rot, rot sind Erdbeeren im Garten,
rot, rot, rot die Kirschen auf dem Baum,
rot meine Sandalen mit ihren tollen Schnallen,
rot, rot, rot ist das, was mir gefällt.

2. Blau, blau , blau strahlt der Sommerhimmel,
blau, blau, blau leuchtet auch das Meer,
blau ist meine Mütze, schützt mich vor der Hitze,
blau, blau, blau ist das, was mir gefällt.

3. Gelb, gelb, gelb scheint die Frühlingssonne,
gelb, gelb, gelb der Löwenzahn im Gras.
Gelb ist meine Schippe, mein Eimer und die Wippe,
gelb, gelb, gelb ist das, was mir gefällt.

4. Grün, grün, grün die Blätter an den Bäumen,
grün, grün, grün springt ein Frosch durchs Gras,
grün sind auch die Wälder, die Wiesen und die Felder,
grün, grün, grün ist das, was mir gefällt.

5. Braun, braun, braun ist das Fell der Hasen,
braun, braun, braun die Rinde an dem Baum.
Braun die Schokolade, die ich so gerne habe,
braun, braun, braun ist das, was mir gefällt.

6. Schwarz, schwarz, schwarz ist der Schornsteinfeger,
schwarz, schwarz, schwarz ist die dunkle Nacht,
schwarz die Rabenkrähe, die ich am Himmel sehe,
schwarz, schwarz, schwarz ist das, was mir gefällt.

7. Bunt, bunt, bunt gehen wir durchs Leben,
bunt, bunt, bunt sehen wir die Welt.
Bunt sind viele Sachen, die uns Freude machen,
bunt, ganz bunt ist das, was uns gefällt.

Bunter Kartonkopf

Man braucht:

- Pappkarton, der über den Kopf passt
- Farben
- Buntpapier
- Papierschlangen
- Klebstoff
- Wattekugeln

Den Karton mit Luftlöchern versehen und anmalen. Nase aus Buntpapier, Augen aus Wattekugeln und Haare aus Papierschlangen ankleben. Einen Umhang umhängen, den Kopf aufsetzen und zu dem Lied tanzen.

Farben aufwecken

Verhexte Farben

Die Nachthexe hat viele bunte Luftballons in die dunkle Hexenhöhle gezaubert und ihre Farben weggehext. Alle Luftballons sind nun grau geworden. Wer gibt den Ballons die Farben zurück?

In einer dunklen, selbst gebauten Höhle liegen viele bunte Luftballons. Die Kinder krabbeln einzeln in die Höhle hinein. Können sie Farben erkennen? Oder sind die Ballons tatsächlich grau gehext worden? Sie krabbeln ein zweites Mal mit einer Taschenlampe in die dunkle Höhle und leuchten die Ballons an. Jedes Kind bekommt den Auftrag, einen Luftballon in einer bestimmten Farbe mit dem Licht zu wecken und aus der Höhle zu tragen.

Kratzbilder

Man braucht:

- festes Papier
- Wachsmalkreiden
- 1 Nagel

Zuerst das Blatt mit bunten Lieblingsfarben (außer Schwarz) ganz vollmalen. Dann das ganze Blatt mit Schwarz übermalen. Mit dem Nagel lassen sich die Farben wieder hervorzaubern.

Sonnenkinder – Nachtkinder

Wenn die Sonne untergegangen ist, verblasen die Farben. Im Dunkeln erscheint alles grau, denn das Auge kann keine Farbe mehr wahrnehmen.

Die Kinder spielen den Sonnenauf- und -untergang mit farbigen Tüchern. Es werden gelbe, orange und rote Tücher für die Sonnenkinder verteilt und dunkelblaue, graue und schwarze Tücher für die Nachtkinder. Zuerst schlafen die Nachtkinder in der Kreismitte, zugedeckt von ihren dunklen Tüchern. Die Sonnenkinder laufen um die Nachtkinder herum. Der Klang einer Triangel zeigt den Nachtkindern den Beginn des Abends an. Sie stehen langsam auf, die Sonnenkinder werden in ihren Bewegungen immer langsamer und schlafen ein. Über den Sonnenkindern wehen die Tücher der Nachtkinder. Nach erneutem Triangelklang geht die Sonne wieder auf, die Nacht vergeht, die Sonne strahlt und gibt der Welt die Farben zurück.

Fliegender Luftballon

Man braucht:

- 1 Stück Haushaltsrolle
- Farben und Pinsel
- 1 Luftballon
- Schnur
- Zeichenpapier
- Schere

Die Rolle bemalen und seitlich mit der Schere zwei Löcher in den oberen Rand bohren. Auf das Zeichenpapier eine Figur malen, die in der Gondel fliegen soll. Die Figur ausschneiden und in die Gondel kleben. Den Luftballon aufpusten und die Gondel mit Schnüren an dem Ballon festknoten. Den Luftballon nun mit Schwung in den Himmel werfen und zusehen, wie er zu Boden segelt.

Farbtöne

Hüpfekästchen

Beim Hüpfen entdecken Reni Rot, Gundi Gelb und Bibo Blau, dass ihre Farben unterschiedlich klingen. Gemeinsam haben sie sich ein klingendes Hüpfekästchenspiel ausgedacht.

Auf den Boden zeichnen die Kinder mit Kreide ein Hüpfekästchen auf. Die einzelnen Felder malen sie abwechselnd mit den drei Grundfarben Rot, Gelb und Blau aus. Einige Felder sind mit zwei Farben ausgemalt. Dann beginnt das Hüpfen. Springen die Kinder in ein rotes Feld, rufen sie „pling!“, springen sie in ein gelbes, rufen sie „dong!“, in einem blauen rufen sie „tröööt!“. In den bunt ausgemalten Kästchen rufen die Kinder den Farben entsprechend z. B. „pling-tröööt!“. Schwieriger wird das Spiel, wenn die Kinder noch Felder in anderen Farben aufmalen und sich weitere Töne und Geräusche dazu ausdenken.

Misch-Männchen

Man braucht:
- leere Haushaltsrollen
- Wattekugeln
- Farben, Pinsel, Deckweiß
- Buntpapier

Die Haushaltsrollen werden so angemalt, dass man oben mit der intensiven Grundfarbe, z. B. Rot beginnt. Nach und nach wird die Farbe mit immer mehr Deckweiß aufgehellt, bis am Ende der Rolle nur noch ein helles Rosa zu sehen ist. Mit den anderen beiden Farben macht man es genauso. Dann bekommt jedes Männchen einen Wattekugelkopf und einen gefalteten Papierhut in der entsprechenden Farbe.

Farben mischen

Die Farbenfreunde Reni Rot, Gundi Gelb und Bibo Blau lieben es, Farben zu mischen und immer neue Farbtöne zu entdecken.

Die Kinder probieren zunächst mit Farbkasten, Pinsel und Deckweiß aus, wie sie Farben heller und dunkler machen können:

- aus Rot und Weiß wird ein helles, sanftes Rosa,
- aus Blau und Weiß wird Himmelblau,
- aus Blau und Schwarz wird ein dunkles Nachtblau,
- aus Blau und Grün wird Türkis,
- aus Gelb und Braun wird ein Olivton.

Dann werden immer zwei Farben miteinander gemischt, doch vorher raten die Kinder, welcher neue Farbton wohl entstehen wird.

Mischlinge

Man braucht:
- Holzwäscheklammern mit Kopf
- Farben und Pinsel
- weißes Papier
- Schere, Klebstoff

Ein Stück Papier in der Mitte falten und wieder aufklappen. Auf jede Hälfte neben dem Knick eine Farbe tropfen, z. B. auf die eine Seite Rot, auf die andere Gelb. Das Papier an dem Knick mit der Farbe nach innen falten und zusammendrücken, damit sich die Farben in der Mitte mischen können. Wieder aufklappen und trocknen lassen. Wäscheklammern anmalen, getrocknete Formen ausschneiden und in die Klammern kleben.

Bunte Blumen blühen

Blumenzauberei

Die Blumenfee Lupinchen bekommt zum Eintritt in die Feenschule einen Zauberpinsel geschenkt. Seit diesem Tag zaubert sie damit Blumen in allen Farben. Sie flüstert ihren Blumenzauberspruch: „Zauberpinsel mach es schön, ich will gelbe Blumen seh'n!"

Die Kinder sitzen in einem Zauberkreis. In der Mitte liegen viele gebastelte Blütenköpfe in allen Farben. Ein Kind ist Lupinchen und flüstert einem Nachbarkind den Zauberspruch mit einem Farbenwunsch ins Ohr. Der Spruch wird im Zauberkreis weitergeflüstert. Das Kind am Ende der Zauberreihe hebt aus dem Blütenkreis die gewünschte Blüte auf und legt sie in Lupinchens Hand. Ist es die Blütenfarbe, die Lupinchen gezaubert hat, spielt das Kind die nächste Blumenfee. Hat der Zauberpinsel die falsche Farbe gezaubert, versucht Lupinchen es noch einmal.

Blumengarten

Man braucht:
- Kartondeckel
- Farben
- Buntpapier
- Schere
- Klebstoff

Den Kartondeckel grün anmalen. Buntpapier an einer Kante gezackt einschneiden und dann am äußeren Rand des Deckels festkleben. Sechs verschiedenfarbige Kreise aus Buntpapier ausschneiden und auf den Deckelboden kleben. Zum Spielen entsprechend farbige Blüten sammeln. Dann das Spiel aus der Zauberschule auf der rechten Seite spielen.

In der Zauberschule

In der Feenschule steht heute Wiesenzauberei auf dem Stundenplan. Alle Kinder bekommen eine grüne Farbtafel mit ca. sechs bis acht unterschiedlichen aufgemalten oder aufgeklebten Farbkreisen. Auf die Farbkreise werden nun viele bunte Blüten in den entsprechenden Farben „gezaubert". Das geht so: Die Kinder laufen auf ein Startkommando los und sammeln von einer Wiese oder einem grünen Tuch die Blütenköpfe ein, die zu ihrem Farbkreis passen. Die Blüten können auch an mehreren Stellen im Garten oder Haus verteilt werden, um das Suchen noch zu erschweren. Wer zuerst alle seine Farbkreise mit Blüten in der richtigen Farbe belegt hat, gewinnt die Wiesenzauberei.

Blumenfee

Man braucht:
- Pappe
- Filz
- Knöpfe
- Cutter
- Pinsel
- Perlen
- Farben
- Pfeifenreiniger
- Wolle

Aus Pappe die Umrisse der Fee ausschneiden. Der Fee ein Gesicht aufmalen. Den Körper mit einem grünen Filzmantel bekleben. Blüten aus verschiedenfarbigem Filz ausschneiden und auf den Mantel kleben. In die Mitte der Blüten jeweils einen Knopf oder eine Perle kleben. Die Fee bekommt Wollhaare und einen Filzhut mit einer Blume angeklebt. In der Hand hält die Fee eine Blüte, die auf einen Pfeifenreiniger geklebt ist.

Bunter Obstkorb

Einkaufen

Auf dem Markt gibt es viele Marktstände. Die Obstverkäufer rufen mit lauter Stimme: „Kauft frisches Obst!“

In der Mitte steht ein Obstkorb mit verschiedenfarbigem Obst (z. B. ein grüner Apfel, eine gelbe Zitrone, blaue Pflaumen, rote Kirschen usw.). Die Kinder stehen in einem großen Kreis um den Obstkorb herum. Im Raum verteilt liegen viele Farbkreise in den Farben Rot, Blau, Grün, Gelb, Orange. Ein Kind spielt den Obstverkäufer. Es nimmt den Obstkorb in die Hand und ruft zum Beispiel: „Kauft Kirschen!“ Alle Kinder versuchen blitzschnell einen roten Farbkreis vom Boden aufzuheben und zum Verkäufer zu bringen. Wer seinen roten Farbkreis zuerst abgibt, ist nächster Obstverkäufer. Ruft der Obstverkäufer in der nächsten Runde: „Kauft Pflaumen!“, versuchen die Kinder einen blauen Farbkreis zu erwischen usw.

Obstbaum-Collage

Man braucht:
- Tonkarton
- Holzperlen oder Knöpfe
- Klebstoff
- Schere

Aus dem Tonkarton einen Untergrund ausschneiden. Aus Papier einen Baum ausreißen und auf den Untergrund kleben. Blätter ausschneiden und aufkleben. Äpfel aus Knöpfen oder Perlen auf den Baum kleben oder aufnähen.

Leckere Rätsel

Auf einem Tablett liegt verschiedenfarbiges Obst und Gemüse. Abwechselnd geben die Kinder ein „leckeres Rätsel" auf: Jedes Kind beschreibt Form, Größe, eventuell Geschmack oder auch nur den Ort, wo sein leckeres Rätsel wächst – aber immer ohne seinen Namen auszusprechen! Die anderen Kinder raten. Zum Beispiel:

- Erst weiß wie Schnee, dann grün wie Klee, dann rot wie Blut, schmeckt allen gut. (Kirsche)
- Es sieht aus wie eine lange, grüne Schlange und ist doch kein Tier. (Gurke)
- Er wächst im warmen Sonnenschein und hängt am Baum an einem Bein. (Apfel)
- Warum, warum ist das gelbe Rätsel krumm? (Banane)
- Ihr Kleidchen ist zu kurz, oho, es schaut heraus ihr blauer Popo. (Pflaume)
- Ihr Rot im Grünen leicht verschwindet, nur wer sich bückt, sie sicher findet. (Erdbeere)

Steinobst

Man braucht:
- Steine
- Farben
- Buntpapier
- Klebstoff

Zuerst sucht man passende Steine, etwa in Birnen oder in Bananenform. Die Steine werden abgewaschen und nach dem Trocknen in den entsprechenden Farben bemalt. Erdbeeren und die Pflaume bekommen noch Blätter aus Buntpapier angeklebt.

Kunterbunte Tierwelt

Farbenwechsel

Das Chamäleon lebt im Regenwald und ist ein Farbenkünstler, es kann seine Hautfarbe dem Untergrund anpassen: Auf roten Früchten wird es rot, auf gelben Blüten gelb und auf grünen Blättern der Urwaldbäume grün.

Im Raum oder draußen auf einer Wiese liegen Pappkreise in den Farben Rot, Gelb, Grün und Braun, außerdem Tücher in denselben Farben. Die Kinder spielen Chamäleons. Ein Kind zieht aus einem Beutel z. B. einen roten Apfel, eine gelbe Blume, ein grünes Blatt oder ein Stück Rinde und zeigt sie den anderen Kindern. Schnell suchen die Kinder das entsprechende farbige Tuch, laufen zum Pappkreis in der gleichen Farbe, stellen sich darauf und breiten das Tuch über ihren Kopf. Haben alle Chamäleons die richtige Farbe angenommen?

Wende-Chamäleon

Man braucht:
- Zeichenkarton
- Klebstoff
- Strohhalm
- Schere
- Farben und Pinsel

Auf Zeichenkarton die Umrisse eines Chamäleons aufzeichnen und ausschneiden. Dieses Chamäleon als Muster benutzen und damit die Umrisse mehrfach auf Zeichenkarton übertragen und ausschneiden. Die Chamäleons anmalen, einige davon spiegelverkehrt und natürlich in verschiedenen Farben. Dann immer zwei der Tiere Rücken an Rücken aneinander kleben und dazwischen noch den Strohhalm kleben. Den Strohhalm unten anfassen und die Farbe des Chamäleons durch Drehen wechseln.

Paradiesvogel-Modenschau

Am Fluss stolziert ein kunterbunter Paradiesvogel auf und ab. Er lädt die anderen Vögel zu einer farbenfrohen Paradiesvogel-Modenschau ein.

Für alle Kinder liegen verschiedenfarbige Tücher und Stoffstücke bereit, außerdem Masken aus Papier. Mit Glitzersteinchen, Glimmer und Federn schmücken die Kinder ihre Papiermasken und verkleiden sich mit den bunten Stoffen in bunte Paradiesvögel. Dann stolzieren sie umher und sprechen dazu:

Am Fluss, da geht es heute rund,
wir Vögel leuchten kunterbunt,
stolzieren durch das grüne Gras
und haben riesengroßen Spaß!

Paradiesvögel

Man braucht:

- Tonkarton
- Federn
- Holzstab
- kleine Schachteln
- Buntpapier
- Pappe
- Stoffreste
- Klebstoff

Ein Stück Pappe ausschneiden und auf den Holzstab kleben. Das wird das Gerüst für den Vogelkörper. Dann entweder einen Schnabel aus Tonkarton falten oder eine kleine bemalte Schachtel auf den Holzstab kleben. Die Vögel mit Federn, Tüll, Stoffresten und Buntpapier ausschmücken. Mit dem Stab kann man die Vögel vor sich hertragen. Dabei sieht es besonders gut aus, wenn die Stoffreste so lang herunterhängen, dass sie sich beim Laufen wie Federn bewegen.

Farbenhäuser

Die vier Farbenhäuser

Es waren einmal vier Häuser – das rote Haus, das blaue Haus, das gelbe Haus und das grüne Haus. Sie standen alle nebeneinander im Farbenwald. Doch niemand wollte mehr in ihnen wohnen. Das rote Haus war den Menschen zu wild, das blaue Haus zu kalt, das gelbe Haus zu warm und das grüne Haus zu sumpfig. Eines Tages wanderte ein neugieriges Kind durch den Wald. Es sah das verlassene rote Haus und ging hinein. Es tanzte einen wilden Indianertanz und begann zu schwitzen. Schnell lief es nach nebenan ins blaue Haus, um sich abzukühlen. Als es dem Kind zu kalt wurde, lief es ins gelbe Haus und wärmte sich am sonnigen Gelb. Im grünen Haus öffnete es alle Fenster und Türen und es wuchsen grüne Efeuranken, Moos, Gräser und sogar rote Rosen ins grüne Haus hinein. „Hier ist es schön, ich bleibe!", beschloss das Kind. Von nun an lebte es jeden Tag nach Lust und Laune in einem der vier Farbenhäuser.

Mooshaus

Man braucht:
- Stöckchen und Zweige
- Moos
- Blätter
- Bindfaden
- Gräser

Direkt in der Natur kann man so ein grünes Mooshaus bauen. Zunächst sammelt man Zweige und baut daraus ein Gerüst. Damit das Gerüst gut hält, die Zweige mit Bindfäden verbinden. Dann das Haus mit Gräsern, Moos und Blättern bedecken. Rote Hagebutten sind eine Komplementärfarbe und können im Spiel die Bewohner des Hauses sein.

Farben fühlen

- Die Kinder bemalen große begehbare Kartons von innen mit jeweils einer Farbe. Sie schneiden Fenster in die Kartons und bekleben die Fensteröffnungen mit Transparentpapier in der gleichen Farbe. Wenn sie die Farbenhäuser betreten, stellt sich ein bestimmtes Farbgefühl ein: Rot ist eine anregende und lebendige Farbe, Blau ist eine kühle und erfrischende Farbe, Gelb ist eine helle, fröhlich stimmende Farbe, Grün beruhigt und ist eine Farbe des Wachsens und der Natur.
- Welche Farbwirkungen empfinden die Kinder in weiteren Farbenhäusern?
- Mit den Farbenhäusern können die Kinder auch experimentieren: Sie legen in jedes Farbenhaus einen Gegenstand in der gleichen Farbe, z. B. eine gelbe Sonne ins gelbe Haus, einen grünen Frosch ins grüne Haus usw. Sie experimentieren mit Gegenständen in der entsprechenden Komplementärfarbe, z. B. ein blauer Tisch im gelben Haus, eine rote Rose im grünen Haus usw.

Buntes Haus

Man braucht:
- Eierpappe
- Pappe
- Wattekugeln
- Farben und Pinsel
- Schere
- Klebstoff

Die Eierpappe in 4 Flächen aufteilen und rot, grün, gelb und blau anmalen. Der Eierpappe ein rot bemaltes Dach ankleben. Zum Spielen das Haus schräg aufstellen. Mit roten, grünen, gelben oder blauen Wattekugeln versucht man nun, die entsprechenden Farbfelder zu treffen. Wer ein falsches Farbfeld trifft, bekommt Punkte abgezogen. Wer hat nach 4 Runden die meisten Punkte?

Unser blauer Planet

Rätsel

Sie dreht sich leise
mit viel Schwung,
immer um sich selbst herum.
Im weiten All,
ein blauer Ball.
(Die Erde)

Unsere Erde

Man braucht:

- 1 Styroporkugel
- 1 Holzrest
- Nagel und Hammer
- Zahnstocher
- Bunt- und Goldpapier
- Farben und Pinsel

Einen dicken Nagel in das Holzstück schlagen, darauf die Styroporkugel stecken. Die Kugel wie einen Erdball in blauen, grünen und bräunlichen Farben anmalen. Aus gelbem Papier Sonne und Mond ausschneiden. Der Sonne Strahlen aus Goldpapier ankleben. Sonne und Mond auf Zahnstocher kleben und in dem Erdball feststecken.

Mit dem Raumschiff zur Erde

Die Weltraumforscher haben das All erforscht und sind mit ihrem Raumschiff auf dem Weg zurück zur Erde. Aus der Ferne des Weltraums betrachten sie die Erde. Sie sieht aus wie ein blauer Ball mit farbigen Flecken.

Für dieses Bewegungsspiel befindet sich in der Mitte ein großer Reifen, der die Erde darstellt. Er wird verziert mit blauen Tüchern für die Meere, weißem Stoff für Nord- und Südpol, gelben Tüchern für die Sandwüsten, braunem und grünem Stoff für die Erd- und Grünflächen, grauer Stoff für die steinigen Berge. Die Kinder schweben zu einer galaktischen Musik mit ihrem Raumschiff um den Blauen Planeten. Wenn die Musik aussetzt, wird eine Farbe ausgerufen und die Kinder setzen sie in Bewegung um:

Blau – Schwimmbewegungen machen

Grau – auf einen Stuhl oder eine Bank steigen

Grün – wie ein Frosch hüpfen

Weiß – tapsen wie ein Eisbär im Vierfüßlerstand

Gelb – ein Kamel nimmt einen Reiter auf den Rücken

Braun – wie ein Regenwurm auf dem Bauch über den Boden kriechen

Im tiefen, blauen Meer

Meerreime

Tief im kühlen, klaren Blau
lebt der Wal mit seiner Frau.
Mitten im Korallenriff
liegt ein längst versunkenes Schiff.
Auch den zarten, feinen Quallen
scheint es hier unten zu gefallen.
Wer hat das Meer so blau gemacht?
Ein Tintenfisch in dunkler Nacht.

Tauchgang

Mit dem Forschungsschiff Calypso geht die Mannschaft auf Entdeckungsreise im Meer. Heute wollen sie herausfinden, wie viel Blaues es im Wasser zu sehen gibt.

Im Raum oder draußen werden in einem vorher festgelegten Bereich blaue Gegenstände verteilt, z. B. blaue Plastikfische, Muscheln, Murmeln, Bälle, Steine. Bei diesem Schnelligkeitsspiel spielen die Kinder nacheinander Taucher. Auf ein Zeichen hin zieht jedes Kind Taucherflossen und eine Taucherbrille an und nimmt einen Sandeimer in die Hand. Innerhalb von 2 Minuten versuchen die Kinder, möglichst viel Blaues einzusammeln.

Lustige Fische

Mit dem Netz hat die Mannschaft der Calypso seltsame blaue Fische an Bord gezogen. Die haben sie noch nie zuvor gesehen!

Die Kinder malen auf festen, weißen Karton fantasievolle blaue Fische mit schillernden Schuppen und bunten Mustern. Anschließend schneiden sie sie aus und legen sie in die Kreismitte. Nacheinander zieht jedes Kind einen Fisch heraus. Gemeinsam denken sich die Kinder einen lustigen Namen für diesen Fisch aus.

Walfisch im Meer

Man braucht:
- Obstkiste aus Pappe
- Pinsel und Farben
- Tonpapier
- Pappe
- Glitzerpapier
- Bindfaden

Die Kiste von innen blau anmalen. Aus blauem Tonpapier einen Streifen mit Wellenlinien zuschneiden, und auf den Kistenrand kleben. Aus Pappe einen Fisch ausschneiden, anmalen und mit Glitzerpapier bekleben. Durch das Maul und den Schwanz einen Bindfaden ziehen, dann die Fadenenden durch beide Seiten der Obstkiste ziehen. Nun kann man den Fisch am Faden durch das Meer schwimmen lassen.

Weiße Eiswüsten

Wer findet Schnuffel?

Der Eisbär Leopold lebt in der weißen Weite der Arktis. Auch sein kleiner Freund, der Schneehase Schnuffel, ist weiß. Wo hat der sich nun schon wieder versteckt?

Aus weißem Papier reißen die Kinder verschieden große Schnipsel – die Schneeflocken. Sie verteilen sie auf einem weißen Bettlaken, das auf dem Boden ausgebreitet wird. Aus demselben Papier wird auch eine Hasenform gerissen. Die Kinder bilden Paare. Ein Kind spielt den Eisbär Leopold und schließt seine Augen. Sein Partner ist Schnuffel und legt den Papierhasen zwischen die Schneeflocken. Dann öffnet Leopold die Augen und versucht, im strahlenden Weiß nur durch genaues Hinschauen seinen Freund Schnuffel zu entdecken. Findet er ihn?

Eislandschaft

Man braucht:
- Styropor
- Stecknadeln
- Farben
- Pinsel

Eine große Styroporplatte bildet den Untergrund. Aus einem anderen Styroporstück bricht man „Eisstücke" heraus. Sie werden mit Zahlen bemalt und dann mit Stecknadeln auf dem Untergrund festgesteckt.

Genug weiß!

Leopold und Schnuffel haben eine aufregende Entdeckung gemacht. In einer Eishöhle haben sie herrlich leuchtende Farben gefunden.

Die Kinder färben Wasser mit verschiedenen Farben und lassen es in Eiswürfelbereitern frieren. Nach ein paar Stunden kann die große Eismalerei beginnen. Über glatte weiße Papierbögen lassen sie ihre Eiswürfel mit einem leichten Schubs gleiten.

Leopold und Schnuffel

Man braucht: • weißes Papier • Wattekugeln • Watte • Klebstoff

Aus dem Papier einen schmaleren und einen breiteren Streifen zuschneiden. Die Streifen jeweils zu einer Rolle zusammenkleben. Schnuffel bekommt weiße Papierohren und Leopold eine Wattekugel als Kopf und 4 Pfoten aus kleineren Wattekugeln. Beide Tiere noch mit etwas Watte bekleben. Dann kann man sie hinter den Eisblöcken in der Eislandschaft verstecken. Nun wird geraten, wer sich wo versteckt. Für jede richtig geratene Zahl gibt es einen Punkt. Für jede falsche Zahl wird ein Punkt abgezogen. Wer hat nach 5 Runden die meisten Punkte?

Ein Ausflug ins Grüne

Frosch-Hüpfspiel

Die Kinder sammeln große grüne Blätter oder schneiden grüne Kartonkreise aus, die auf dem Boden verteilt werden. Unter einem Blatt wird heimlich die Abbildung von einem weißen Storch versteckt. Dann beginnen die Kinder wie die Frösche von Blatt zu Blatt zu hüpfen und sagen dabei folgendes Gedicht auf:

Wer singt und quakt im Sonnenschein?
Es kann der grüne Frosch nur sein!
Er hüpft flott ins tiefe Moor,
kommt ein weißer Storch hervor!

Beim Wort „Moor" bleiben alle auf dem grünen Blatt stehen und schauen nach, ob sich unter ihrem Blatt der weiße Storch befindet. Wer den Storch findet, scheidet aus. Welches Kind bleibt bis zum Schluss übrig?

Frosch und Storch

Man braucht:
- Wäscheklammer
- Moosgummi
- Klebstoff
- Zeichenkarton
- Walnuss
- Farben

Für den Frosch einen Körper aus Moosgummi oder Buntpapier ausschneiden. Eine Walnuss vorsichtig knacken, eine Schalenhälfte grün anmalen und auf das Moosgummi kleben. Auf den Zeichenkarton einen Storch malen. Eine Wäscheklammer rot anmalen und den Storchenkörper darin festklammern.

Grüne Entspannung

Grün ist die Farbe der Natur. Draußen im Grünen finden Menschen Ruhe und Erholung. Für diese Entspannungsgeschichte liegen die Kinder bequem auf einer Decke und schließen die Augen. Zu einer ruhigen Musik lauschen sie dem grünen Entspannungsrätsel:

Du bist grün und weich. Du wächst in der Erde. Deine kleinen Wurzeln haben Durst. Sie freuen sich über eine Regendusche. Dann leuchtest du saftig grün. Viele kleine Blumen wachsen auf dir – weiße Gänseblümchen, gelber Löwenzahn, rosaroter Klee, manchmal auch roter Klatschmohn und weiße Margeriten. Du lockst viele kleine Tiere an. Bienen, Hummeln, Käfer, Schmetterlinge und Grashüpfer besuchen dich gerne. Kühe, Pferde, Ziegen und Schafe mögen dich und knabbern an dir. Du bist ein wunderbarer Platz zum Träumen und Spielen. Deine Halme kitzeln unter den nackten Füßen. Du duftest nach Sommer! Grünes Rätsel, was bist du? (Eine Wiese)

Blätterstempel-Bilder

Man braucht: • Blätter • Farben • festes Papier

Die Blätter mit Farbe bestreichen und mit der farbigen Seite fest auf ein Blatt Papier drücken. Trocknen lassen und wie hier bei dem Vogel noch Beine dazumalen.

Braune Erde – gelber San

Naturfarben

Sansibar, König der Sandmännchen, und Krümel, König der Erdmännchen, gehen gemeinsam auf Abenteuerreise. Sie besteigen die höchsten Erd- und Sandberge. Dabei entdecken sie die Farben der Erde.

Die Kinder bilden zwei Gruppen, die Sandmännchen und die Erdmännchen. Die Sandmännchen bauen aus Sand und die Erdmännchen aus Erde einen Berg auf einer ebenen Fläche. Um dem Berg Festigkeit zu geben, können sie ihn auch mit Wasser modellieren. Nun beginnen sie ihren Berg mit Naturmaterialien zu verzieren, mit Steinen, Ästen, grünen Blättern, bunten Blütenblättern, Schneckenhäusern, Muscheln, evt. kleinen farbigen Glassteinen usw. Alle Materialien natürlichen Ursprungs können für die Naturberge verwendet werden – die Kinder erleben die Farben der Erde mit allen Sinnen.

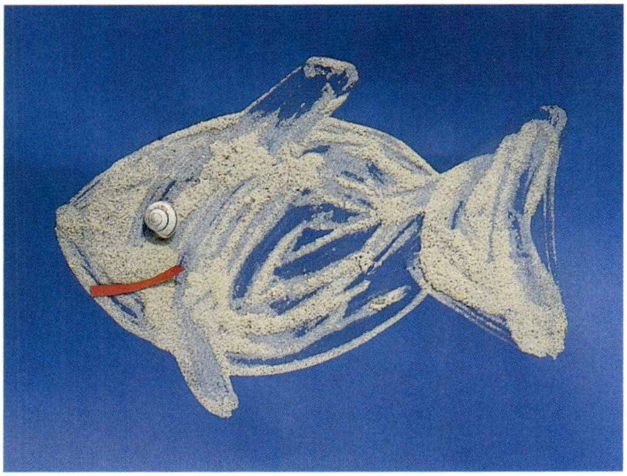

Sandbild

Man braucht:

- Kleister
- Pinsel
- Tonkarton
- Plastikgefäß
- Stock zum Umrühren
- Vogelsand

Kleister und Wasser mit dem Stock in einem Plastikgefäß nach Vorschrift anrühren. Den Pinsel in den Kleister tauchen und ein Motiv auf den Tonkarton malen. Über das Motiv den Vogelsand streuen. Alles trocknen lassen. Nach dem Trocknen den überschüssigen Sand abschütteln.

Erd- und Sandkunst

Krümel und Sansibar werden gute Freunde. Zum Zeichen ihrer Freundschaft schenken sie einander eir besonders kostbares Erd- und Sandkunstwerk.

- Sansibar lässt feinen Sandstaub aus seiner Wüste auf Krümels Erde wehen. Ein wunderschönes Sandbild auf Erde entsteht: Die Kinder „malen“ Muster auf braune Erdflächen, indem sie Sand aus der Hand rieseln lassen.
- Krümel schenkt Sansibar einen feurigen Vulkan: Die Kinder bauen einen Vulkankegel aus Tonerde in den Sand, malen ihn mit schwarz-roter Wasserfarbe an und lassen ihren Vulkan mit einer Wunderkerze Funken sprühen.

Vulkan

Man braucht:

- 1 Terrakotta-Blumentopf
- Farben und Pinsel
- Wunderkerzen
- Pappkarton

Den Blumentopf umgekehrt auf einen Pappkarton stellen. Mit schwarzer, gelber und roter Farbe anmalen. Den Untergrund ebenfalls bemalen. Nach dem Trocknen Wunderkerzen in die Öffnung des Blumentopfes stecken und anzünden, wenn der Vulkan Feuer speien soll.

Stein- und Felsengrau

Grau in Grau

Die Farbe Grau wirkt trist und gehört zu den unbunten Farben. In der Natur finden wir viele verschiedene Grautöne: Felsen, Gebirge und Steine sind grau und manche Tiere, z. B. das Murmeltier oder die Ziege, haben ein graues Fell, das so unauffällig ist, dass sie sich gut im Grau der Felsen verstecken können.

Aus grauen Kartons, Tüchern und Steinen bauen die Kinder eine graue Steinwüste. Anschließend verstecken sie dort kleine graue Kuscheltiere, z. B. einen Esel, eine Ziege, ein Kaninchen, eine Maus, einen Elefanten etc. Nacheinander laufen die Kinder an der Steinwüste vorbei, schauen genau hin und versuchen die Verstecke der Tiere zu entdecken. Wer findet alle Tiere im grauen Grau?

Graue Maus auf grauem Stein

Man braucht:
- Klorolle
- Perle
- Schere
- Tonpapier
- Klebstoff

Von der Klorolle ein Stück abschneiden. Aus grauem Tonpapier einen Dreiviertelkreis ausschneiden und an den Kanten zu einem Kopf zusammenkleben. Den Kopf an die Rolle kleben. Seitlich zwei Arme aus Tonpapier ankleben. Ohren und Füße aus rosa Papier festkleben. Augen aufmalen und eine Perlennase ankleben.

Steintiere legen

Am Bach- oder Flussufer sammeln die Kinder schöne Kieselsteine. Sie beschränken sich beim Sammeln auf die vielen verschiedenen Grautöne, die sie dort entdecken können. Auf grauen Karton malen sie Tierumrisse, z. B. einen Elefanten, ein Nashorn, eine Maus, und legen diese mit den Steinen nach.

Variante: Die Steintiere bekommen eine Haut, z. B. ein Stück Leder für die Haut des Nashorns oder des Elefanten, struppiges Fell für den Esel, kurzes weiches Fell für ein Kaninchen. Mit geschlossenen Augen ertasten die Kinder den Steinumriss und die Oberfläche. Können sie erraten, um welches Tier es sich handelt?

Elefant aus Wellpappe

Man braucht:
- Wellpappe
- Papier
- Klebstoff
- Stecknadeln
- Schere
- Perle

Die Wellpappe in lange Streifen schneiden. Die Streifen aufrollen. Eine dickere Rolle wird der Bauch, eine etwas kleinere der Kopf. Die Enden der aufgerollten Streifen jeweils festkleben. Bei dem Kopf ein Stück als Rüssel herunterhängen lassen. Dann Kopf und Bauch zusammenkleben. 4 Beine aufrollen und unter dem Bauch befestigen. Oben aus Papier eine Perle als Auge und einen Stoßzahn aus weißem Papier ankleben.

Prinzessin Violetta

Wer hat meinen Hut gesehen?

Prinzessin Violetta hat eine Lieblingsfarbe: Lila. Alles in ihrem Schloss ist Lila, in den Schränken hängen lila Kleider, Röcke, Hosen und auch Schuhe und Strümpfe sind lila. Das Lila leuchtet noch mal so schön, wenn Violetta einen zitronengelben Hut anzieht. Doch den kann sie heute einfach nicht finden. Gemeinsam mit ihrer Hofdame Lavendula macht sie sich auf die Suche.

Auf weiße quadratische Kärtchen malen die Kinder lila Gegenstände aus Violettas Haus. Jeder Gegenstand wird doppelt aufgemalt, z. B. Socken, Tasse, Seife, Buch, Löffel, Kleid, Ball. Auf ein Kartenpärchen wird Violettas zitronengelber Hut aufgemalt. Dann werden alle Kärtchen umgedreht und gemischt. Das Memory kann beginnen. Abwechselnd decken die Kinder Kartenpärchen auf. Wer findet die beiden Zitronenhüte?

Prinzessin Violetta

Man braucht:
- 1 leere Haushaltsrolle
- Pfeifenreiniger
- 1 gelbe Blüte
- lila Krepppapier
- Stifte
- 3 Wattekugeln

Die Haushaltsrolle mit dem Krepppapier umwickeln, dabei das Papier unten etwas auseinander ziehen. Oben an die Rolle eine bemalte Wattekugel als Kopf kleben, lila Wollhaare ankleben. Pfeifenreiniger oben um die Rolle wickeln, zwei kleine Kugeln auf die Enden stecken. Eine gelbe Blüte als Hut auf den Kopf stecken.

Zauberbeutel

Jeden Tag kommen viele Kinder zum Schloss und schauen in den herrlichen Garten. Doch nur wer Violetta etwas Lilafarbenes schenkt, für den öffnet sich das große Schlosstor.

Auf einem Stuhl sitzt ein Kind, es ist Violetta. Drei weitere Kinder stellen sich hinter einer Startlinie auf. Auf den Boden werden für jedes der drei Kinder hintereinander fünf Kästchen aufgezeichnet. Dann kann es losgehen. In einem Stoffbeutel stecken fünf lilafarbene und fünf weiße Murmeln. Immer abwechselnd greifen die Kinder mit geschlossenen Augen in den Beutel und ziehen eine Murmel heraus. Ist sie lila, darf das entsprechende Kind ein Kästchen nach vorne hüpfen. Wer ist als Erstes bei Violetta angelangt und schenkt ihr den lila Schatz?

Lila Schloss

Man braucht:
- Pappe
- Farben
- 2 Haushaltsrollen
- Krepppapier
- Cutter
- Buntpapier

In ein rechteckiges Stück Pappe ein Tor schneiden, das sich öffnen lässt. Zu beiden Seiten des Tores je eine Rolle kleben. Aus Krepppapier Turmspitzen formen und oben an die Rollen kleben. Das ganze Schloss bemalen und Fenster aus gelbem Buntpapier ankleben.

Susi Sonnengelb

Die Sonne geht auf

Susi Sonnengelb ist eine kleine Elfe. Sie wohnt in einer sonnengelben Löwenzahnblüte auf der Wiese. Susi liebt die warmen, leuchtenden Sonnenstrahlen und würde so gerne einmal zur Sonne reisen. In der Nacht träumt sie, dass die Sonne vom Himmel kommt und sie einlädt, am nächsten Morgen mit ihr aufzugehen.

Die Kinder stellen sich am Fuß einer Treppe auf. Nacheinander würfeln sie mit einem Farbenwürfel. Zeigt der Würfel Sonnengelb an, steigt das jeweilige Kind eine Stufe hinauf und bleibt dort stehen, bis es wieder Gelb würfelt. Am Ende der Stufen liegt ein gelbes Tuch – die Sonne. Wer zuerst oben angekommen ist, schwenkt das Tuch hin und her und lässt so die Sonne aufgehen.

Die Fee Susi

Man braucht:

- gelbe Strohseide
- gelbes Transparentpapier
- 1 Holzstäbchen
- 1 Wattekugel
- etwas Engelshaar
- Faden

Aus der Strohseide ein Kleid formen, indem man das Papier an der oberen Kante zusammendreht. Einen Faden oder einen Klebestreifen herumwickeln. Die Wattekugel auf ein Holzstäbchen und das Holzstäbchen in das Kleid stecken. Engelshaar an den Kopf kleben. Aus gelbem Transparentpapier Flügel formen und hinten an das Kleid kleben.

Sonnenflecken

Susi Sonnengelb liegt zwischen den dicken gelben Löwenzahnblüten und blinzelt vergnügt ins Sonnenlicht. Da hat sie eine Idee: Sie möchte Sonnenflecken sammeln und so das warme Licht der Sonnenstrahlen einfangen.

Die Kinder suchen sich im lichten Schatten von Bäumen und Sträuchern ein gemütliches Plätzchen. Vor ihnen liegt ein Bogen weißes Papier. Damit versuchen sie nun die „Lichtflecken", die die Sonnen durch die Blätter auf den Boden wirft, aufzufangen. Die Kinder beobachten, welche Formen und Muster die Sonne aufs Papier zaubert und malen sie mit einem dicken gelben Stift nach.

Blütensonne

Man braucht:
- weißes Malpapier
- blaue Farbe und Pinsel
- Blüten
- Klebstoff

Den Bogen Papier mit blauer Farbe anmalen und trocknen lassen. Aus vielen gelben Blüten eine Sonne auf das Papier kleben. Zwei Gänseblümchen als Augen und eine rote Blüte als Mund in die Sonne kleben.

Der Drache Feuerrot

Kennst du den Drachen Feuerrot? Der Drache Feuerrot ist eigentlich ein sanfter Drache, harmlos und freundlich. Aber das glaubt ihm niemand, weil er immer so ein riesig rotes Feuer aus seinem Rachen spuckt. Das ist heiß und sieht gefährlich aus. Das soll es auch, findet der Drache Feuerrot im Geheimen, denn er mag es, wenn er angeschaut und bewundert wird. Verbrannt hat er aber noch niemanden. Auf seine Feuerflamme passt er immer gut auf.

Eines Tages gab es ein Gewitter mit Blitz und Donnerschlag. Der Donnerknall war so laut, dass der Drache Feuerrot einen großen Schreck bekam. Er zitterte vom Kopf bis hinab zum kleinen Drachenzeh und seine lederne, rote Drachenhaut wurde immer blasser und blasser – bis er plötzlich ein weißer Drache war. „Was für ein Unglück“, jammerte der Drache Feuerrot. Traurig verkroch er sich in seine Drachenhöhle. Und weil ihm vor lauter Schreck auch noch die Drachenspucke vertrocknet war, konnte er kein Feuer mehr spucken. Sieben Wochen kam er nicht mehr aus seiner Höhle heraus.

Doch eines Morgens kroch das Drachenmädchen Sonnenschein in seine Höhle hinein. „Guten Morgen“, begrüßte es den Drachen Feuerrot und hauchte ihm einen sonnengelben Feuerschein ins weiße Drachengesicht. Dem traurigen Drachen wurde so warm, dass er vor Freude einen Luftsprung machte. Er nahm das Drachenmädchen an die Hand und sie hüpften wild umher, bis der Drache Feuerrot husten musste. Sein Drachenmaul öffnete sich und was war das ...? Er spuckte einen mächtigen Feuerstrahl aus seinem Rachen! Darüber

war er so glücklich, dass er bis zum Abend lachte. Vor lauter Lachen und Springen wurde er rot im Gesicht und immer roter, bis die ganze Drachenhaut rot leuchtete wie früher. „Die Liebe ist rot", sagte das Drachenmädchen Sonnenschein und streichelte seine feuerrote Drachenhaut. Kennst du das Ende der Geschichte? Es kam so: Der Drache Feuerrot und das Drachenmädchen Sonnenschein heirateten und bekamen ein wunderschönes Drachenkind. Rate mal, welche Farbe es hatte? (Orange)

Drache Feuerrot

Man braucht:
- Klorolle
- Schere
- Buntpapier in verschiedenen Rottönen
- Klebstoff

Aus Buntpapier einen Drachenkopf und einen Schwanz ausschneiden und an die Klorolle kleben. Rotes Papier in viele Schnipsel reißen und dann wie Schuppen an die Rolle kleben. Aus gelbem Papier einen Feuerstrahl in das Drachenmaul kleben.

Das Schweinchen Rosamunde

Das Schweinchen Rosamunde ist das schönste Schwein im Stall. Es hat eine feine, rosahelle Haut und macht sich niemals schmutzig. Es mag keine braunen Matschlöcher, in denen sich die anderen Schweine gerne suhlen. Am liebsten spaziert es durch den warmen Sonnenschein. Doch o weh! Rosamunde hat nicht aufgepasst und einen Sonnenbrand bekommen. Ihre Haut ist feurig rot und fühlt sich heiß an. Die Schweine im Stall lachen über Rosamundes knallrote Schweinehaut. Jetzt ist sie nicht mehr das schönste Schwein im Stall. Da hat Rosamunde eine Idee! Sie geht in den Kuhstall und bittet die Kühe um einen Trog voll weißer Milch. Dort legt sie sich zusammen mit ein paar duftig weißen Blüten hinein und nimmt ein Schönheitsbad. Und tatsächlich, als Rosamunde aus dem Blütenmilchbad steigt, ist ihre Haut wieder samtig weich und rosa. Seit diesem Tag schützt Rosamunde ihre rosa Haut vor jedem Sonnenspaziergang mit blütenweißer Milch.

Stempel-Schwein

Man braucht:

- Korken
- Pinsel
- Pappbecher
- Papier
- Farben
- Filzstift

In einem Pappbecher genügend Rosa aus Rot und Deckweiß anmischen. Die Farbe mit einem Pinsel auf einen Korken auftragen und dann die Farbe auf ein Blatt tupfen. Solange stempeln, bis ein Schwein entstanden ist. Mit einem Filzstift Augen und Beine dazumalen.

Schönheits-Körpermassage

Alle Schweine wollen so schön rosa aussehen wie Rosamunde. Doch bevor sie zum Schönheitsbad in den Milchtrog steigen, müssen sie erst einmal durch die Waschstraße, um die braune Schlammfarbe von ihrer Haut abzurubbeln.

Die Kinder stellen sich in zwei Reihen einander gegenüber auf. Sie halten ihre Hände mit geöffneten Handflächen in Brusthöhe und beginnen das erste Schweinchen, das langsam durch die „Waschstraße" geht, abzureiben. Auf dem Weg zurück durch die „Waschstraße" wird das Schweinchen „trocken" gepustet. Das nächste Kind wartet schon gespannt auf die Körpermassage in der „Waschstraße".

Filz-Schweinchen

Man braucht:

- Kartondeckel
- Knöpfe
- Filz
- Farben
- Schere
- Pinsel
- Klebstoff

In den Kartondeckel einen Himmel malen. Aus rosa Filz Schweine ausschneiden und in den Deckel kleben. Knöpfe als Schnauze ankleben. Außerdem noch gelben, fransig eingeschnittenen Filz als Stroh in das Bild kleben.

Die Hexe Rabenschwarz

Schattentheater

Als Schattentheater mit einfachen Stabpuppen kann die folgende Geschichte von den Kindern erzählt und aufgeführt werden.

Die Hexe Rabenschwarz war eine böse Hexe. Sie hexte immer alles schwarz: schwarze Katzen, schwarze Vögel, schwarzen Tee, schwarzes Brot, schwarzen Pfeffer und sogar schwarzen Käse. Auch ärgern konnte sie sich schwarz, besonders über alles, was vom Himmel fiel: Der Regen war ihr zu nass, der Wind zu wild, die Sonne zu heiß, der Schnee zu weiß, der Regenbogen zu bunt. Jedes Mal, wenn ein Regenbogen am Himmel leuchtete, schrie sie: „Krötenbein und Mauseloch, die bunten Farben krieg ich noch!" Das war ihr größter Wunsch. Sie wollte den Regenbogen vernichten. Doch das war nicht einfach, denn die Engel verschlossen die Himmelsfarben sehr sorgfältig. Eines Nachts, bei Wind und

Schattenhexe

Man braucht:
- schwarzen Tonkarton
- Blumendraht
- 2 Holzstäbe
- Schere
- Briefklammer
- weißen Stift

Die Hexe auf das Tonpapier aufzeichnen und ausschneiden. Der Arm, der sich bewegen soll, wird extra aufgemalt und ausgeschnitten. Aus Tonpapier Luftballons ausschneiden, an Blumendraht kleben und der Hexe hinter den beweglichen Arm kleben. Den Arm mit einer Briefklammer befestigen. Einen Holzstab hinter die Hexe, den anderen hinter den Arm kleben. Mit dem Stab den Arm der Hexe auf und ab bewegen.

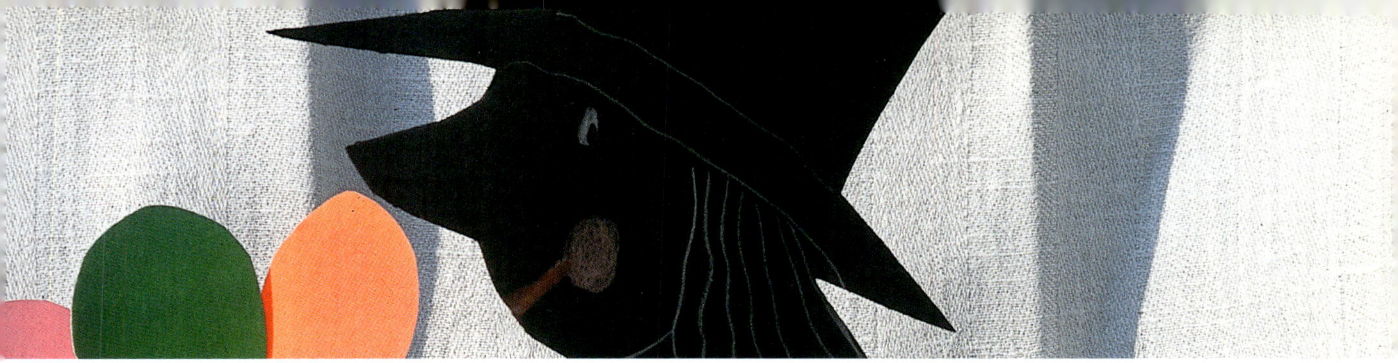

Sturm, war die Hexe Rabenschwarz auf ihrem Besen zum Himmel geritten und lag hinter einer schwarzen Gewitterwolke auf der Lauer. Was war das? Der goldene Himmelsschlüssel steckte unbewacht im Himmelsschloss? Die Engel hatten den Schlüssel vergessen und schliefen bereits tief und fest. Die Hexe lachte: „Krötenbein und Mauseloch, die bunten Farben krieg ich doch!“ Im lauten Donnergrollen hörte niemand, wie sich die Hexe ins Himmelsschloss schlich. Tatsächlich, da stand die goldene Truhe mit den himmlischen Farben.

Die Hexe Rabenschwarz packte den Farbkasten, ließ ihn in ihrer Schürze verschwinden und wie der Blitz sauste sie hinab zur Erde. Am nächsten Morgen, als die Engel die leere Truhe entdeckten, eilten sie zum Wolkenmaler Wassily und berichteten, was geschehen war. Das konnte nur die Hexe Rabenschwarz gewesen sein. Wassily rief mit tiefer Stimme: „Weiß ist unsere Rettung! Die Hexe Rabenschwarz hat Angst davor!“ Und so geschah es, dass es mitten im Sommer schneite. Vom Hexenhaus schaute nur noch der Kamin heraus. Die Hexe Rabenschwarz verkroch sich heulend im Schrank, wo es schwarz und dunkel war. So flogen die Engel ohne Gefahr ins Hexenhaus, befreiten alle Farben und trugen sie zurück zum Himmel. Mit ihrem Freund Wassily malten sie einen Regenbogen an den Himmel, wie ihn zuvor noch niemand gesehen hatte.

Hieronymus Himmelblau

Farben klauen

Der Himmelsmaler Hieronymus Himmelblau streicht Tag für Tag mit seinen dicken Pinseln den Himmel an. Aber heute ist auch die Gewitterhexe schon wach. Sie will die Farbtöpfe stehlen und den Himmel mit einem grässlichen Grau anmalen.

Die Kinder bilden zwei Gruppen. Auf dem Boden werden zwei Linien im Abstand von 2 bis 3 Metern markiert. Hinter diesen Linien stellen sich die Gruppen einander gegenüber auf. In der Mitte stehen zwei Stühle, Lehne an Lehne. Unter sie werden ineinander verdreht ein blaues und ein graues Tuch gelegt. Auf „Los!“ rennen die ersten beiden Kinder jeder Mannschaft zum Stuhl, setzen sich auf den Stuhl und versuchen eines der Tücher auf ihre Seite zu ziehen. Wer das blaue Tuch ergattert, gehört zu den Himmelblauen, wer ein graues Tuch herauszieht, gehört zu den Gewitterhexen.

Wettlauf zwischen Grau und Blau

Man braucht:
- 2 Korken
- 2 Zahnstocher
- 2 Wattekugeln
- Filzreste
- Pappe
- Buntpapier
- Watte
- Würfel

Die Wattekugeln mit den Zahnstochern in die Korken stecken, bemalen und mit Filzresten bekleben. Ein Korken wird die Gewitterhexe, der andere Hieronymus. Er bekommt einen spitzen Hut und einen Wattebart. Auf eine Pappfläche die gleiche Anzahl blaue und graue Kreise malen. Dann mit den beiden Figuren auf den Kreisen einen Wettlauf veranstalten. Dazu die gewürfelte Zahl auf den Kreisen vorrücken

Himmelsschaukel und Hexenkessel

Die Himmelblauen dürfen auf der Himmelsschaukel Platz nehmen: Sie werden auf einem Bettlaken, sanft geschaukelt. Dazu sprechen die Kinder:

Die Himmelsschaukel ist bequem,
das Himmelsblau ist gut zu seh'n,
mit sanftem Schwung geht's hin und her,
ach, wenn's doch nie zu Ende wär!

Die Gewitterhexen kommen in den Hexenkessel: Sie werden auf dem Bettlaken kräftig durchgeschüttelt. Dazu sprechen die Kinder:

Hexenkessel, Hexenkessel,
bist kein bequemer Ruhesessel,
hin und her geschüttelt
und 13 Mal gerüttelt! (gemeinsam bis 13 zählen)

Himmelsschaukel

Man braucht:

- kleinen Karton
- weiße Pappe
- Bindfaden
- Schere

Aus der weißen Pappe zwei gleiche Entenformen ausschneiden. Einen kleinen Karton weiß anmalen und zwischen die Enten kleben. Durch jede Ente einen Bindfaden ziehen. Die Schaukel in einem Baum aufhängen und Spielfiguren darin in den Himmel schaukeln lassen.

Bunte Pinselspiele

Mitmach-Mal-Geschichten

Die Kinder sitzen mit einem Partnerkind vor einem großen weißen Blatt Papier. Jedes hat einen Pinsel, einen Farbkasten und einen Wasserbecher und lauscht der Pinselgeschichten. Mit verteilten Rollen malen die Kinder, was sie hören, fühlen und erleben.

Flecki, der Farbklecks, und Pinselchen, der Farbenpinsel, sind Freunde. Sie leben zusammen in einem Farbkasten und spielen am liebsten lustige Pinselspiele.

- Heute springt Pinselchen zuerst in den Wasserbecher und sofort in die rote Farbe hinein. Er hüpft mit seiner Pinselborste viele rote Punkte auf ein weißes Blatt Papier. Nun hüpft Flecki ins Grün hinein und saust mit grüner Farbe zwischen den roten Punkten hindurch. Das Bild wird lebendig: Viele Marienkäfer krabbeln über eine grüne Wiese.

Filtertüten-Flecki

Man braucht:

- Kaffeefiltertüten
- Bindfaden
- Buntpapier
- Pinsel und Farben
- Holzperlen
- Klebstoff

Die Filtertüten auf einen saugstarken Untergrund legen und mit Wasser bestreichen. Dann mit verschiedenen Farben darüber klecksen, bis ein schönes Muster entsteht. Die Tüten trocknen lassen, eine Holzperle auf einen Bindfaden fädeln und die Fadenenden durch die Tüte stecken. Unterhalb des Kopfes einen zweiten Faden anknoten. An alle Fadenenden Holzperlen knoten. Den Fleckis noch Gesichter aufmalen und Hüte aus Buntpapier ankleben.

- Flecki tapst in den gelben Farbtopf hinein und hinterlässt einen großen gelben Farbklecks auf dem Papier als Sonne. Pinselchen sieht eine dunkle Regenwolke am Himmel vorüberziehen und malt dunkelblaue Wolken neben Fleckis Sonne. Da fällt ein Regentropfen auf Fleckis Nase. Das Bild wird lebendig: Pinselchen tupft blaue Tropfen, die aus den Wolken auf die Erde fallen. Flecki zaubert dazwischen gelbe Sonnenstrahlen. Das grüne Gras freut sich über die Sonne und den Regen. Flecki und Pinselchen vermischen Gelb und Blau zu einem grünen Dschungelbild.

- Pinselchen und Flecki streiten über die Farben. Pinselchen glaubt, Rot ist die stärkste aller Farben und malt Rot. Flecki findet aber Sonnengelb viel stärker und springt auf Pinselchens Rot. Sie kämpfen zusammen, da werden sie Orange. Jetzt glaubt Pinselchen doch eher an starkes Dschungelgrün und übermalt das Orange. Flecki saust hinterher mit Blau. Das Bild wird lebendig: Ein matschbrauner Bär kommt aus seiner Erdhöhle gekrabbelt und sagt: „Braun ist die stärkste aller Farben, weil ich ein Braunbär bin! Jawohl!"

Bären-Bild

Man braucht:

- Pappe
- Farben und Pinsel
- Schere
- Pappbecher

Aus Grün, Orange und Blau wird ein matschiges Bärenbraun. Diese drei Farben in einem Pappbecher mischen und mit kreisenden Pinselbewegungen auf den Pappuntergrund malen. Später noch einen Untergrund um den Bären herummalen und einen „Bilderrahmen" mit bunten Tupfen. Nach dem Trocknen das Bild rings um den Rahmen herum ausschneiden.

Expedition ins Farbenland

Im Farbensumpf

Die Farbenforscher machen eine Expedition ins Farbenland. Sie wollen alles über bunte Tiere, Pflanzen und Menschen im Farbenland erfahren. Auf ihrem Weg durch den Farbendschungel machen sie eine schauerliche Entdeckung – den matschig-flutschigen Farbensumpf. Alle Farbenforscher ziehen ihre Schuhe und Strümpfe aus und erkunden den Farbensumpf mit nackten Füßen. Sie hinterlassen sumpfige Farbspuren auf dem Dschungelboden.

Mehrere Tapetenbahnen werden im Freien auf dem Boden ausgerollt. Davor befinden sich einige verschiedenfarbige Farbeimer zum Hineintreten, Spüren und Spurenlaufen.

Bemalte Hände und Füße

Man braucht:

- Fingerfarben
- Pinsel
- Handtuch
- Eimer mit Wasser

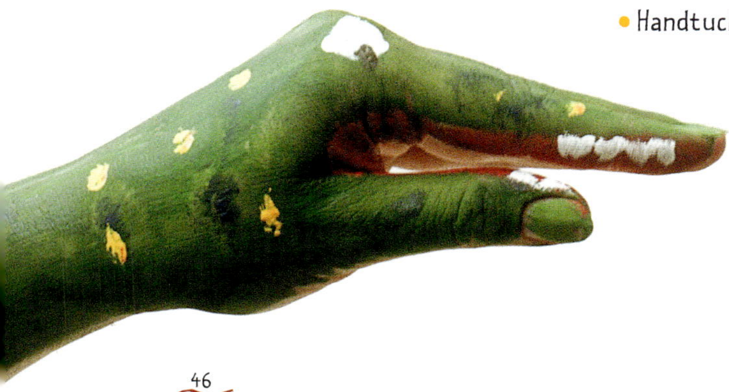

Mit einem Pinsel die Motive auf die Hände malen. Fingerfarben eignen sich dazu besonders gut, weil sie sich ganz leicht wieder abwaschen lassen. Es sieht lustig aus, wenn man die bemalten Hände bewegt.

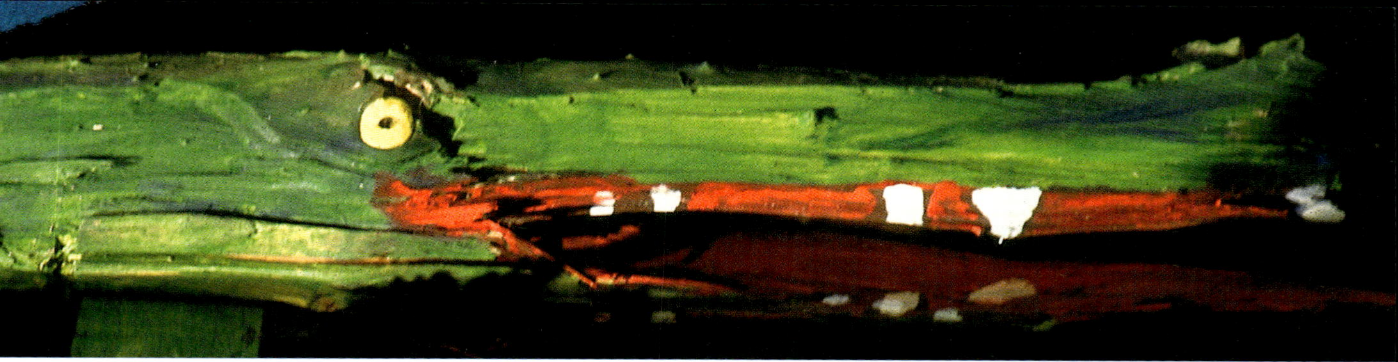

Bunte Dschungeltiere

Mitten im Dschungel entdecken die Farbenforscher bunte Dschungeltiere.

Die Kinder schminken ihre Hände mit Schminkfarben zu Elefanten, Schnecken, Krokodilen, Schlangen usw.

Geschmückte Hände und Füße

Im Farbendschungel lebt der Stamm der Tatus. Zu festlichen Anlässen schmücken sie ihre Hände und Füße mit bunten Hautmalereien. Sie laden die Farbenforscher zu einem lustigen Farbenfest ein.

Die Kinder schmücken ihre Hände und Füße, Arme und Beine mit bunten Fantasiebildern und -zeichen.

Holz-Krokodil

Man braucht:

- 1 trockener Ast ohne Rinde
- wasserfeste Farben und Pinsel
- 2 Holzleisten
- Schrauben und Schraubenzieher
- Blätter

Den Ast mit wasserfesten Farben anmalen. Damit das Krokodil beim Schwimmen im Gleichgewicht bleibt und auch gut schwimmen kann, werden zwei Holzleisten unter den Bauch des Krokodils geschraubt. Auf die Enden der Leisten werden Blätter geklebt.

Buntes Dschungelfest

Farbentanz

Im Farbendschungel wachsen Blumen in allen Farben. Beim Farbentanz blühen sie in ihrer schönsten Pracht.

Im Raum werden Tücher in den Farben Rot, Gelb, Blau, Grün, Weiß, Orange verteilt. Zu jeder Farbfläche passend müssen farbige Luftballonblumen vorhanden sein. Für jedes Kind, das am Farbentanz teilnimmt, ist eine Luftballonblume vorhanden. Zu Beginn des Farbentanzes stehen die Kinder verstreut im Raum, zwischen ihren Füßen befinden sich die Farbentücher und die Luftballonblumen. Wenn die Musik einsetzt, beginnen alle Kinder mit den Luftballonblumen durch den Raum zu tanzen und versuchen dabei die Luftballons durch Antippen in der Luft zu halten. Wenn die Musik stoppt, fängt jedes Kind eine Luftballondschungelblume, trägt sie zum entsprechenden Farbentuch auf dem Boden und legt sie hinein.

Dschungelblumen

Man braucht:

- Haushaltsrolle
- Klebeband
- Luftballon
- Schnur
- Kreppapier
- Buntpapier

Den Luftballon aufpusten und zuknoten. An den Knoten ein Stück Schnur binden. Einen breiten Streifen Kreppapier um den Luftballonknoten und die Schnur wickeln, mit Klebeband fixieren. Den oberen Rand des Kreppapiers auseinander ziehen und in Blütenform schneiden. Die Haushaltsrolle mit grünem Kreppapier umwickeln, Blätter aus Buntpapier an den Stiel kleben und die Blüte oben in der Öffnung festkleben.

Farbenkönig

Am Tag des bunten Dschungelfestes ermitteln die Tatus ihren Farbenkönig bei einem Farbenspiel.

In einem Raum oder draußen auf einem Weg werden an verschiedenen Stellen rote Tücher oder Bänder befestigt – z. B. draußen an einem Schild, einer Schaukel oder einem Kastanienbaum, an einem Eimer oder Postkasten, drinnen an einer Tür, am Kühlschrank, an einem Kleiderhaken oder an einem Stuhl usw. Nacheinander gehen die Kinder den Farbenweg entlang und versuchen sich möglichst viele der markierten Gegenstände zu merken. Am Ende der Strecke benennen die Kinder alles, woran sie sich erinnern können. Wer sich die meisten Farbenplätze merken und wiedergeben konnte, ist Farbenkönig und erhält eine bunte Farbenkrone.

Farbenkönig

Man braucht:

- Obstkiste aus Pappe
- Goldfolie
- Farben
- Stecknadel
- Buntpapier
- Luftballons
- Schere
- Korken

Die Obstkiste anmalen, trocknen lassen und einen König aus Buntpapier in die Kiste kleben. Mit der Schere Löcher in die Rückseite der Kiste stechen. Durch die Löcher Luftballons stecken, aufpusten und von hinten verknoten. Eine Stecknadel so in den Korken stecken, dass die Spitze vorne herausschaut. Dann mit dem Korken auf die Ballons zielen. Wer trifft die meisten?

Vom Silbermond zum Goldplaneten

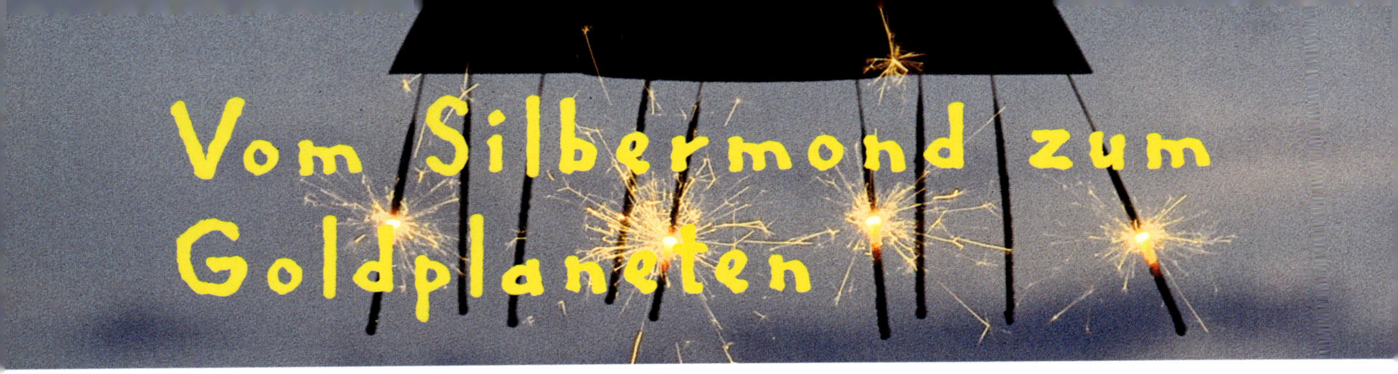

Signale aus dem All

Die Bewohner des Planeten Silbermond haben einen goldenen Sternenregen beobachtet und Signale aus dem Weltall empfangen. Gibt es noch einen anderen bewohnten Planeten? Schnell machen sie ihre Raumschiffe startklar für die weite Reise zum Goldplaneten. Als Erstes müssen die Raumschiffe mit Silbergestein aufgetankt werden.

Die Kinder bilden zwei Mannschaften. In einer Schüssel liegen für jede Mannschaft 10 kleine silberne Murmeln – das ist das Silbergestein. Die Kinder stellen sich in gleichmäßigem Abstand auf. Dann nimmt das erste Kind mit einer Wäscheklammer eine Murmel aus der Schüssel und übergibt sie dem nächsten Kind. Auch dieses Kind nimmt die Murmel mithilfe der Wäscheklammer entgegen. Das letzte Kind legt die Murmel im Ziel in eine Pappröhre – das Raumschiff. Sind alle Murmeln im Ziel, dann sind die Raumschiffe voll getankt.

Raumschiff

Man braucht:
- leere Klorolle
- Tonpapier
- Farben
- Filzstifte
- Klebstoff
- silberne Murmeln

Die Klorolle abwechselnd mit roten und weißen Streifen bemalen. Ein Fenster mit einem grünen Männchen aufmalen. Aus einem Stück schwarzen Tonpapier einen Dreiviertelkreis ausschneiden, zu einer Spitze formen, an den geraden Kanten zusammenkleben und an die Klorolle kleben. Ein paar Stege hinten an das Raumschiff kleben, damit es stehen kann. Eine Flamme aus gelbem Papier hinten an das Raumschiff kleben. Das Raumschiff aufstellen und versuchen, mit den Murmeln in das Raumschiff zu treffen.

Raumfahrerlied

(Melodie: Ein Vogel wollte Hochzeit machen)

1. Drei, zwei, eins, null – ein Feuerstoß,
die Weltraumreise geht jetzt los!
Fiderallala, ...

2. Das Raumschiff ruckelt hin und her,
wir werden schneller, immer mehr.
Fiderallala, ...

3. Wir kreisen zweimal um den Mond,
wir wollen wissen, wer hier wohnt.
Fiderallala, ...

4. Wir fliegen durch die Dunkelheit
und unser Weg ist noch so weit.
Fiderallala, ...

Die Kinder singen das Lied und machen dazu folgende Bewegungen:

1: Sie gehen in die Hocke, zählen rückwärts und springen dann in die Höhe.
2: Sie ruckeln und wackeln hin und her und rennen immer schneller durch den Raum.
3: Sie drehen sich mit ausgebreiteten Armen im Kreis.
4: Sie halten sich die Hände vor die Augen und gehen langsam umher.
Bei „Fiderallala ...“ hüpfen sie auf der Stelle.

Willkommen auf dem Goldplaneten

Flugkapitän

Im Weltall wimmelt es von Sternen und Planeten. Das Raumschiff muss sie vorsichtig umfliegen, damit es keinen Zusammenstoß gibt.

Die Kinder stellen sich in einer langen Reihe hintereinander auf. Sie fassen sich an den Schultern und fliegen mit dem Raumschiff quer durch das Weltall. Das erste Kind in der Reihe ist der Kapitän des Raumschiffs. Auf dem Boden verteilt liegen gelbe Tücher als Sterne und bunte Bälle als Planeten. Der Kapitän lenkt die Kinderschlange vorsichtig um die Sterne und Planeten herum. Dann wird ein neuer Kapitän bestimmt und die Reise durchs Weltall geht weiter.

Bewohner des Planeten

Man braucht:
- Pappbecher
- Lametta
- Goldfolie
- Goldstoff
- Wattekugel
- Klebstoff

Den Pappbecher umgekehrt aufstellen und mit Goldfolie, Goldpapier oder Stoff bekleben. Der Wattekugel ein Gesicht aufmalen und auf den Becher kleben. Haare aus Lametta und einen goldenen Hut ankleben. Pfeifenreiniger oder goldenen Draht an dem Kopf feststecken.

Goldsuche

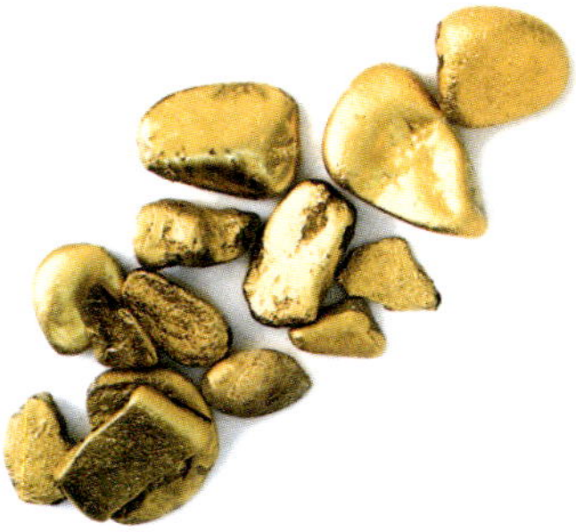

Die Raumschiffe haben den Planeten gefunden und sind gelandet. Es ist der Goldplanet und seine Bewohner heißen Goldis. Die Goldis haben im goldenen Staub ihres Planeten ein Begrüßungsgeschenk für die Besucher versteckt.

Im Spielfeld verteilt liegen kleine glatte Kieselsteine, die mit Goldfarbe bemalt sind, außerdem drei dicke goldene Kieselsteine, die sich von den anderen Steinen gut unterscheiden. Über die Steine wird eine goldene Folie gebreitet (z. B. die goldglänzende Seite einer Rettungsdecke) – das ist der Goldstaub. Die Kinder gehen mit geschlossenen Augen los und tasten mit ihren Füßen den Boden ab. Sie versuchen mit ihren Füßen herauszufinden und zu zählen, wie viele dicke Steine im Goldstaub des Goldplaneten verborgen sind.

Goldplanet

Man braucht:
- 1 Styroporkugel
- Goldfolie
- Malstifte
- Klebstoff
- goldene Pfeifenreiniger
- Zeichenkarton
- Schere
- Goldspray oder Goldfarbe

Die Kugel mit Gold besprühen und trocknen lassen. Aus der Folie Sterne ausschneiden. Die Pfeienreiniger in die Kugel stecken und auf die Enden Sterne kleben. Oder auch Raumschiffe und Raketen auf Zeichenkarton malen, ausschneiden und dann auf die Pfeifenreiniger kleben. Man kann den Planeten an einem Faden aufhängen oder auf ein Holzstäbchen stecken und in einen Blumentopf mit Erde stecken.

Regenbogenfest

Die Farben des Regenbogens

Die Regentropfen freuen sich, wenn bei einem dicken Regenschauer plötzlich die Sonnenstrahlen durch die Wolken blinzeln. Denn dann zieht ihnen die Sonne orange, gelbe, rote, lila, blaue und grüne Kleider an. Farbenfroh feiern die Regentropfen mit der Sonne ein Regenbogenfest.

In der Kreismitte liegt ein großes, gelbes Tuch – die Sonne. Ein Kind stellt sich auf das Tuch, alle anderen spielen die Regentropfen. Die Sonne ruft eine Farbe, die im Regenbogen vorkommt, z. B.: „Ich brauche Orange!“ Alle Kinder, die etwas Orangefarbenes an sich tragen, laufen schnell in die Kreismitte und hocken sich an den Rand des Sonnentuches. Dann ruft die Sonne eine neue Farbe auf. Ruft sie „Regenbogen!“, laufen alle Kinder in die Mitte und bilden einen Bogen über der Sonne.

Süßer Regenbogenkranz

Man braucht:
- Styroporkranz
- Buntpapier
- Fäden
- Krepppapier
- Bonbons
- Schere

Den Kranz mit buntem Krepppapier umwickeln. Aus jeweils 4 Bonbons einen Körper für ein Männchen zusammenbinden. Aus Buntpapier ein Gesicht ausschneiden und an die Bonbonmännchen kleben. Dann alle Männchen an den Kranz binden.

Regenbogenroulette

Für dieses Spiel liegen 6 aufgeblasene Luftballons in den Regenbogenfarben bereit. Die Kinder sitzen im Kreis auf dem Boden. Das Spiel beginnt und die Kinder reichen die Luftballons von Hand zu Hand im Kreis herum. Ein Kind kniet in der Kreismitte und würfelt mit einem Farbwürfel. Zeigt der Würfel eine Farbe an, ruft das Kind z. B. „Stopp! Blau!". Das Kind, das den Luftballon in der genannten Farbe in der Hand hält, bekommt eine Aufgabe gestellt, z. B. rückwärts um den Kreis herumlaufen. Dann übernimmt es den Würfel und ruft in der nächsten Spielrunde die Farben aus.

Regenbogen-Wurfspiel

Man braucht:
- 1 Pappuntergrund
- Filzstift
- Farben
- Schere
- Filz in Regenbogenfarben

Filz in immer kleiner werdenden Halbkreisen zuschneiden. Dann auf den vorher blau bemalten Pappuntergrund kleben. Wolken und Sonne auf das Bild kleben. Zahlen auf jede Regenbogenfarbe schreiben. Dann mit Kletten auf den Regenbogen rufen. Wer bekommt die meisten Punkte?

Bunte Farben am Himmel

Farbendurcheinander

Die Regenbogenfarben sind bei einem heftigen Sturm durcheinander gepurzelt und heruntergefallen. Sie müssen zum Himmel getragen und neu gespannt werden: oben Violett, dann Blau, Grün, Gelb, Orange und Rot.

Die Kinder bilden zwei Gruppen und innerhalb der Gruppen Paare. Für jede Gruppe liegen 6 Tücher in den Regenbogenfarben bereit. Paarweise treten die Kinder zu einem Wettspiel an. An der Startlinie reichen sie sich die Hände und legen das erste Tuch darüber. Dann laufen sie gemeinsam zur Ziellinie, ohne das Tuch fallen zu lassen. Im Ziel legen sie das Tuch in Bogenform auf den Boden, dann geht es zurück zur Startlinie und das nächste Paar ist an der Reihe. Welche Gruppe hat den Regenbogen zuerst fertig?

Knopf-Regenbogen

Man braucht:
- Wäscheknöpfe
- Filzstifte in Regenbogenfarben

Eine jeweils gleiche Anzahl Wäscheknöpfe mit Filzstiften anmalen. Dann alle Knöpfe vermischt auf den Tisch legen. Wer schafft es am schnellsten, die Knöpfe zu einem Regenbogen zu legen? Dabei auf die richtige Farbreihenfolge achten.

Regenbogenlied

(Melodie: Bruder Jakob)

Regenbogen, Regenbogen,
leuchte bunt, leuchte bunt,
zeig uns deine Farben, zeig uns deine Farben:
Lila, Blau und Grün,
Orange, Gelb und Rot!

Auf dem Boden verteilt liegen dünne, leichte Tücher in den Regenbogenfarben. Die Kinder singen gemeinsam das Lied und tanzen dabei kreuz und quer durch den Raum. Sind die Regenbogenfarben an der Reihe, nimmt sich jedes Kind ein Tuch und schwenkt es über seinem Kopf hin und her.

Regenbogen-Reptil

Man braucht:

- Papprollen
- Bindfaden
- Farben
- Stopfnadel
- 2 Wattekugeln
- Krepppapier

Die Papprollen auf eine bestimmt Länge zuschneiden und in Regenbogenfarben anmalen. Den Kopf anmalen, ein Maul hineinschneiden, eine Krepppapierzunge einkleben und die Wattekugeln als Augen ankleben. Dann alle Teile mit Bindfaden zusammenknoten. Dabei eine Stopfnadel zu Hilfe nehmen.

Die Autorinnen

Regina Bestle-Körfer studierte Sozialpädagogik und arbeitete in einer Frühförderstelle und danach in einer schulpsychologischen Beratungsstelle. Seit über fünfzehn Jahren ist sie als Autorin und Redakteurin tätig.

Sabine Lohf studierte an der Hochschule der Künste in Berlin und arbeitet als Fotografin, Autorin und Illustratorin für verschiedene Verlage und Zeitschriften. Inzwischen sind viele Bücher in verschiedenen Bereichen von ihr erschienen.

Annemarie Stollenwerk studierte Sozialpädagogik und war zunächst in der Heimerziehung und später im sozialen Brennpunkt tätig. Seit mehr als fünfzehn Jahren arbeitet sie als Autorin und Redakteurin.

www.christophorus-verlag.de
2. Auflage

ISBN-13: 978-3-419-53227-0
ISBN-10: 3-419-53227-X

Lektorat: Martin Stiefenhofer

Umschlaggestaltung: Network!, München
Layoutentwurf: juhu media Susanne Dölz, Bad Vilbel
Gesamtproduktion: Sabine Lohf
amadeus prepress a. print, Langenhagen
Herstellung: Himmer, Augsburg 2007

Alle Bastelideen, Bastelanleitungen, Fotos und Illustrationen: Sabine Lohf

Geschichten, Gedichte, Spiele und Lieder auf den Seiten 6/7, 10/11, 16/17, 22–25, 30–35, 42/43, 50–57 sind von Annemarie Stollenwerk.

Geschichten, Gedichte, Spiele und Lieder auf den Seiten 8/9, 12–15, 18–21, 26–29, 36–41, 44–49 sind von Regina Bestle-Körfer.